Gudrun Bornhöft

VOM GLÜCK DER SEELE UND DER SCHWEINE

Ein Sauhaufen voller Lebensweisheiten

Version 3

(NI)

Books on Demand GmbH, Norderstedt, 2015, 2016

Vom Glück der Seele und der Schweine

© 2015, 2016 Gudrun Bornhöft: gudrun.bornhoeft@online.de

Fotos von Hansjörg Bornhöft © 2012-2014

Herstellung und Verlag:
BoD - Books on Demand, Norderstedt
ISBN 9783738616422

Gudrun Bornhöft

VOM GLÜCK DER SEELE UND DER SCHWEINE

Ein Sauhaufen voller Lebensweisheiten

(NF)

Für meinen lieben Ehemann Hansjörg, der mir jeden Tag aufs Neue so viel Freude ermöglicht.

 (NF)

 (NF)

Einführende Gedanken

Was soll ein Buch über Glück, Seele und Schweine?
Freude machen! – Mit Schweinen? Na klar! Kaum jemand kann dem Charme der süßen Steckdöschen widerstehen, wenn sie sich einem neugierig entgegenstrecken. Und es ist bemerkenswert,
wie viel Lebensausdruck sie zeigen können, wenn man sie als empfindsame Lebewesen respektiert und nicht als Ware verwaltet und missbraucht; wie fast alles, dem man sich mit liebevollem Respekt nähert.

Und ein bisschen den Weg für die Geistigkeit im Leben bereiten. – Mit Schweinen? Nun ja, versuchen wir's mal.
Geistigkeit heißt nicht zwangsläufig Religion oder Esoterik, obwohl eine umfassende Geistigkeit auch dafür Platz hat. Genauso wie für die Überzeugung, dass es keine eigenständige Geistigkeit gibt und sich alles 'irgendwie' als Emergenz materieller Systeme erklären lässt.
Aber unabhängig davon, welchen 'Seinsstatus' wir der Geistigkeit zubilligen wollen, unser Leben ist viel geistiger als uns bewusst ist.
Wenn wir dieses Gebilde sehen

denken wir, es *ist* ein 'h'. Kinder im Kindergartenalter halten es für 2 gerade Stöcke mit einem quer dazu, Russen wahrscheinlich für ein 'n'. Was es *ist*, bestimmt also weniger der Sinneseindruck als die Vorstellung. Dabei ist es bemerkenswert, dass wir mittlerweile die fremden Perspektiven nachvollziehen und uns sogar zu eigen machen können (sofern sie uns plausibel erscheinen). Trotzdem lässt sich allgemein sagen, dass Realität tatsächlich Vorstellung *ist*.
Ich selbst bin davon überzeugt, dass es unabhängig vom menschlichen Geist eine eigenständige universelle Geistigkeit gibt, mit den Eigenschaften von Unendlichkeit, Ewigkeit, aber auch Dynamik und

eigenem Bewusstsein – diese kann man als Gott ansehen oder auch nicht. Eine Alternative wäre die Vorstellung eines Bedeutungsraums. In dieser Geistigkeit ist alles als geistige Muster vorhanden, sozusagen als Gedanken dieser Geistigkeit. Diese Muster können mit ihren materiellen Entsprechungen nach je eigenen Gesetzmäßigkeiten (wie z.B. Resonanz) interagieren. Die Interaktion eines individuellen geistigen Musters mit einem menschlichen Körper lässt – als emergentes 'Produkt', als Epiphänomen – das menschliche Bewusstsein entstehen, so wie wir es von uns kennen. Dieses Bewusstsein wirkt auf beide Systemkomponenten zurück, so dass nach dem Tod ein verändertes geistiges Muster bleibt, das sich wiederum mit einem anderen menschlichen Körper verbinden kann. Im Leben ist die harmonische Resonanz der Komponenten beider Systeme – des leiblichen mit Konstitution, Organen und Handlungen und des geistigen mit Charakter, Erkenntnis und Streben – als Freude erfahrbar. Mit welchen weiteren geistigen Mustern ein Mensch jedoch mitschwingen und sie dadurch stärken möchte, liegt in der Freiheit und Verantwortung jedes Einzelnen.

Auf den vorigen und auch auf den folgenden Seiten sind viele Schweinchen zu sehen, die wir hauptsächlich an folgenden vier Orten aufgesucht haben (Die Abkürzungen für die Wohnorte der Schweine sind neben den Bildern in Klammern gesetzt):
- (LRO): Haustierpark Lelkendorf im Landkreis Rostock
- (RD): Tierpark Arche Warder im Kreis Rendsburg-Eckernförde
- (NI): Brand-Aue in Rodewald (für Minischweine), später Pennigsehl, beides Kreis Nienburg/Weser
- (NF): Hockmannshof in Humptrup (für rotbunte Husumer 'Protestschweine') , Kreis Nordfriesland

Schweine und Texte

(RD)

"Lernen wir uns freuen, so verlernen wir am besten, Anderen wehe zu tun."
[Nietzsche]
 ("Alle Menschen werden Brüder, wo dein sanfter Flügel weilt")

(NF)

"Ich denke, dass der Sinn des Lebens darin besteht, glücklich zu sein."
[Tenzin Gyatso, 14. Dalai Lama]

 (RD)

"Das Ziel der Gesellschaft ist das allgemeine Glück." [Artikel 1 der – nicht in Kraft getretenen – französischen Verfassung von 1793]

 (NF)

Für sich und Andere nach Glück sehr viel zu streben ist ein edles Ziel.

(NF)

Nicht Hungern, nicht Frieren – und Freude haben.

(NF)

Alles Geld, das nicht in Lebensfreude umgesetzt wird, bedeutet nur Zahlen auf dem Papier.
"Bescheidenheit bedeutet Freiheit." [José Mujica]

(NF)

Wahre Lebensfreude verbindet sich mit Sein und Tun und nicht mit Besitz oder Ergebnis.

(NF)

Jede Delle, die das Leben mit sich bringt, lässt sich durch Freude wieder ausbeulen.

(NF)

Zu öffnen sich der Geistigkeit,
Führt einen zur Glückseligkeit;
Sich aber zu verschließen,
Kann's Leben sehr verdrießen.

(RD)

Im Tod ist's dann genauso gleich,
Sich Öffnen führt ins Himmelreich;
Doch schließt die Seel' sich ängstlich ein,
Erleidet sie nur Höllenpein.

(NF)

"Solange wir da sind, ist der Tod nicht da, wenn aber der Tod da ist, dann sind wir nicht da." [Epikur]
Der Tod wirkt stärker als jede Narkose.

(NF)

Und meine Seele spannte
Weit ihre Flügel aus.
Flog durch die stillen Lande,
Als flöge sie nach Haus. [Eichendorff]

(NI)

Jeder Gedanke und jede Entscheidung sind geistig wirksam. Sie bilden geistige Muster, die wir unserem geistigen Ich zufügen.
Die geistigen Systeme erkennen einander.

(NI)

"Was hülfe es dem Menschen, wenn er die ganze Welt gewönne, und nähme an seiner Seele Schaden?" [Markus 8:36]

(RD)

Wer zu Lebzeiten meditiert, hat im Jenseits die besseren Karten.

(RD)

Hältst du die Seele nicht von Übel frei,
Gleicht dein Geist dem Bild von Dorian Gray.

(NF)

Der Mensch entscheidet sein Streben.

(NF)

Das Ziel der Erziehung ist die Befähigung zur freien, selbst bestimmten Entscheidung.

 (NI)

"Sapere aude!" (Habe Mut, dich deines eigenen Verstandes zu bedienen!)
[Wahlspruch der Aufklärung]

 (NF)

Das Problem der Freiheit ist das, dass Andere etwas anderes wählen können als man selbst.
Es gibt keine Pflicht zum vernünftigen Handeln, aber die, die Konsequenzen seines Handelns zu tragen.

(NF)

Je mehr ich verstehe, desto besser kann ich entscheiden.

(NF)

Verstehen heißt Nachvollziehen können, nicht übereinstimmen. Erklären heißt nachvollziehbar machen, nicht überzeugen.

(NF)

Wer 'Beseitigen' statt 'Verstehen' denkt, entzieht der Freude ihre Grundlage. 'Wieder gut machen' birgt im Gegensatz zu 'Bestrafen' die Möglichkeit zu Verstehen und Freude in sich. ("Deine Zauber binden wieder, was die Mode streng geteilt.") "Man kann nicht alles verbieten, was einem nicht gefällt." [Thomas de Maizière]

(NF)

Freude ist eine aktive Bewegung des Öffnens und Mitschwingens, Andere können nur die Bedingungen dafür beeinflussen, z.B. versuchen Leiden zu vermindern und Teilhabe an der Gesellschaft zu ermöglichen, wozu allerdings auch zumutbare Anforderungen gehören..

Der Fremdreiz auf das System
ist das rechte Schwein,
das das rosafarbene unterstützt.

Das Systemergebnis entspricht der Reizwirkung.

⇐ Die Gegenreaktion überwiegt

Es gibt die Gesetzmäßigkeiten von Ausbreitung, Selbstorganisation mit Emergenz, Resonanz, Systemreaktionen und solche der uns geläufigen Fach-disziplinen, wie z.B. Physik, Biologie und Psychologie. Aber Vorsicht vor unzulässigen Verallgemeinerungen!
Jeder Zustand, der nicht durch Selbstorganisation entstanden ist, wird als Fremdreiz wahrgenommen.

Direkte Reizwirkung (s. links) und Gegenreaktion sind an Systemen häufig gut erkennbar und unterliegen zum Teil auch mechanischen Gesetzmäßigkeiten.

Seelische Gesundheit

Ein Mensch frisst viel in sich hinein:
Missachtung, Ärger, Liebespein.
Und jeder fragt mit stillem Graus:
Was kommt da wohl einmal heraus?
Doch sieh! Nur Güte und Erbauung.
Der Mensch hat prächtige Verdauung.

[Eugen Roth]

Mit Kenntnis der Gesetzmäßigkeiten sind viele Ergebnisse erklärbar, aber schwer vorherzusagen.

⇔ Das System erscheint unverändert

Die Schweine nehmen den Reiz zum Anlass, sich lieber dem Fressen zuzuwenden

Ein System kann Außenreize auch 'neutralisieren'. Die Fähigkeit zur eigenständigen Erhaltung eines Zustands ist Kennzeichen lebender Systeme (Pflanzen).

Oder ein Sytem zeigt 'Überraschendes'. Die Fähigkeit auch reizunabhängig zu agieren, ist Tieren und Menschen zu eigen (Charakter). Nur der Mensch kann darüber hinaus seinen eigenen Charakter formen und sich aktiv mit der Geistigkeit in Resonanz bringen.

(NF)

Ruhe – Entscheiden – Machen – Schritt für Schritt – that's pig!

(NF)

Alles, was Freude geben oder empfangen kann, bedarf besonderer Achtsamkeit und Schutz.

(NF)

Leibliche Werke der (christlichen) Barmherzigkeit sind: Hungrige speisen, Obdachlose beherbergen, Nackte bekleiden, Kranke besuchen, Gefangene besuchen, Tote begraben, Almosen geben (ebenfalls eine der fünf Säulen des Islam. In heutiger Zeit: bedingungsloses Grundeinkommen?)

(NF)

Geistliche Werke der (christlichen) Barmherzigkeit sind: die Unwissenden lehren, die Zweifelnden beraten, die Trauernden trösten, die Sünder zurechtweisen, den Beleidigern gern verzeihen, die Lästigen geduldig ertragen, für die Lebenden und Verstorbenen beten.

(NF)

Als befreiende Handlungen und Qualitäten im Buddhismus gelten: Großzügigkeit, sinnvolles Verhalten, Geduld, freudige Anstrengung, Meditation, Weisheit, Liebe, Mitgefühl, Mit-Freude und Gleichmut.
Als Tugenden des Gläubigen im Islam gelten: Demut, Abwendung von unbedachter und nutzloser Rede, Zahlung der 'Läuterungsabgabe', Hüten der Scham, Achtsamkeit auf anvertraute Güter und Aufgaben, Gebete.

(NF)

Es bleibt, in Wort und Tat das zu leben, was man für richtig hält und zu hoffen, dass die Schwingungen von anderen aufgenommen werden.

(NF)

Ob Schweine, Musik, Natur, Abenteuer, Sport, Kultur oder Menschen – in der geistigen Bewegung des Öffnens und Mitschwingens erreicht uns unser geistiges Ich – als Freude, innere Stimme, intuitive Erkenntnis, innere Gewissheit (Glaube), Schutzengel. ("Freude, schöner Götterfunken...") Solch ein Glaube 'geschieht' und kann nicht gefordert werden.

(RD)

Man kann sich entscheiden, andere zu belügen, aber man tut sich keinen Gefallen, sich selbst zu belügen. // Gnothi seauton - erkenne dich selbst [Inschrift am Apollotempel von Delphi] // Wir wissen nur das, was wir glauben. // "Aufrichtigkeit ist das beste Mittel gegen mangelndes Selbstbewusstsein." [Tenzin Gyatso, 14. Dalai Lama]

(NF)

"Diejenigen aber, die die Regungen der eigenen Seele nicht aufmerksam verfolgen, sind zwangsläufig unglücklich." [Marc Aurel]

(LRO)

Der Schutz vor Beliebigkeit liegt – zum Leidwesen aller Ordnungswütigen – in der Verantwortung des Einzelnen.

Zum Abschluss

Was hat das Buch nun gebracht?
Neben – hoffentlich – Freude an süßen Schweinchen, vielleicht ein paar Überlegungen für den künftigen Lebensweg:

- Dass jeder für sein Streben verantwortlich ist. Nicht unbedingt für das Ergebnis, aber dafür, mit welcher Intention und Achtsamkeit er Handlungen durchführt und welche Perspektiven er für seine Entscheidung auswählt und sie zu verstehen sucht.
- Dass Spiritualität eine Option ist, sich und andere besser zu verstehen.
- Dass die Existenz einer eigenständigen universalen Geistigkeit keineswegs im Widerspruch mit unserem heutigen naturwissenschaftlichen Weltbild steht, sondern vielleicht vergleichbar ist mit dem Verhältnis der Menge der imaginären Zahlen zu der der natürlichen (und wer würde erwarten 'i' [$i^2 = -1$] mit Hilfe der natürlichen Zahlen 'beweisen' zu können?). Heutzutage ist ein Vergleich mit der virtuellen Welt von Internet und Clouds wahrscheinlich eingängiger.
- Dass spirituell erworbene Erkenntnis neben 'Bauchgefühl', der Meinung Anderer und rationaler Folgenabschätzung eine gleichwertige Perspektive bei der Entscheidungsfindung sein kann.
- Dass eine solchermaßen kongruent mit sich selbst getroffene Entscheidung von Schuldgefühlen befreit und doch jederzeit die Möglichkeit bietet, sich anders zu entscheiden.
- Dass es weder menschlich noch sachlich gerechtfertigt ist, die Gewissheiten eines Anderen infrage zu stellen, solange es sich nicht um bloße Überzeugungen handelt, oder sie verallgemeinert werden.
- Dass die harmonische Schwingung mit dem eigenen geistigen Muster sich in Freude äußert.
- Dass man jedem Menschen (und empfindsamen Lebewesen) die Möglichkeit zur Freude zugestehen kann.

Bei der Zusammenstellung der Bilder und Texte für dieses Büchlein stieß ich 'zufällig' auf das faszinierende Buch von Bronnie Ware: '5 Dinge, die Sterbende am meisten bereuen'. Zwar habe ich mehrere Kritikpunkte an ihrem Buch, doch sind ihre Erlebnisse und Botschaften für alle, die Lebensentscheidungen treffen wollen, sehr beachtenswert:

An erster Stelle des Bedauerns Sterbender steht, nicht den Mut gehabt zu haben, das eigene Leben zu leben. Und der Wunsch, sich mehr Freude gegönnt zu haben. Viele Menschen merken laut Ware erst am Ende ihres Lebens, dass man sich bewusst für Glück und Freude entscheiden kann.

Ich hoffe mit diesem Büchlein einen Impuls zu Mut und Verantwortung für die eigene Lebensfreude gegeben zu haben.

Gudrun Bornhöft   Goslar, im Juli 2015

Und noch ein Gedanke zum Schluss:
Was, wenn alles schon vorhanden wäre, und wir wie in einem Zug die (geistige) Landschaft durchführen?
- Nur so 'ne Idee!

(NF)

"Die Frucht des Geistes aber ist Liebe, Freude, Friede, Langmut, Freundlichkeit, Güte ,Treue, Sanftmut und Selbstbeherrschung ... Wenn wir aus dem Geist leben, dann wollen wir dem Geist auch folgen."
[Gal 5,22f.25}

 (NF)

 (RD)